Daniel Alfonso Barragán Ronderos

La filosofía ético-política latinoamericana

Daniel Alfonso Barragán Ronderos

La filosofía ético-política latinoamericana

Una Aproximación A La Teoría De La Liberación

Dictus Publishing

Impressum/Imprint (nur für Deutschland/only for Germany)
Bibliografische Information der Deutschen Nationalbibliothek: Die Deutsche Nationalbibliothek verzeichnet diese Publikation in der Deutschen Nationalbibliografie; detaillierte bibliografische Daten sind im Internet über http://dnb.d-nb.de abrufbar.

Coverbild: www.ingimage.com

Contact:
International Book Market Service Ltd., 17 Rue Meldrum, Beau Bassin, 1713-01 Mauritius
Email: info@bookmarketservice.com
Website: www.bookmarketservice.com

Published in 2013

Printed in: U.S.A., U.K., Germany. This book was not produced in Mauritius.
ISBN: 978-3-8473-8753-4

Impresión
Información bibliográfica publicada por Deutsche Nationalbibliothek: La Deutsche Nationalbibliothek enumera esa publicación en Deutsche Nationalbibliografie; datos bibliográficos detallados están disponibles en internet en http://dnb.d-nb.de.

Imagen de portada: www.ingimage.com

Contact:
International Book Market Service Ltd., 17 Rue Meldrum, Beau Bassin, 1713-01 Mauritius
Email: info@bookmarketservice.com
Website: www.bookmarketservice.com

Published in 2013

Printed in: U.S.A., U.K., Germany. This book was not produced in Mauritius.
ISBN: 978-3-8473-8753-4

LA FILOSOFÍA ÉTICA-POLÍTICA LATINOAMERICANA DE ENRIQUE DUSSEL Y DANIEL HERRERA.

Daniel Alfonso Barragán Ronderos

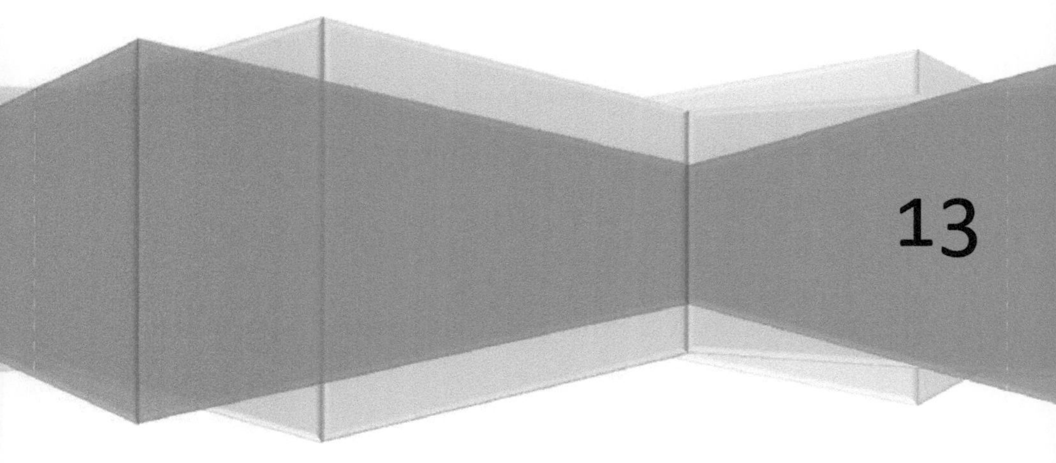

LA FILOSOFÍA ÉTICA-POLÍTICA LATINOAMERICANA DE ENRIQUE DUSSEL Y DANIEL HERRERA.

Daniel Alfonso Barragán Ronderos

RESUMEN

El escrito analiza los principales postulados de Enrique Dussel en su teoría política de la liberación y los entrelaza con las doctrinas expresadas genialmente por el maestro Daniel Herrera en su obra: "La persona y el mundo de su experiencia".

Los postulados de ambos filósofos se encuentran en la búsqueda de una verdadera ética política que reemplace las prácticas corruptas de los Estados latinoamericanos por la virtud en la administración pública, todo en beneficio de los pueblos de nuestra región.

Dussel y Herrera demuestran una posible solución a los graves problemas que aquejan a nuestros países en materia política, y desde nuestro pensamiento, asumen una posición clara para construir un proyecto político para un mejor futuro de Latinoamérica.

PALABRAS CLAVES: ÉTICA, POLÍTICA, ADMINISTRACIÓN PÚBLICA, LATINOAMERICA, GOBIERNO.

INTRODUCCIÓN

Para comprender los postulados de Enrique Dussel, es necesario encontrar sus motivaciones primeras y la forma en que su entendimiento está posicionado en una Latinoamérica vibrante, azotada por el fenómeno de los totalitarismos; uno de los cuales, sería el causante de su retirada a México, desde su natal Argentina. Cuando Jorge Rafael Videla gobernó en Argentina postuló la política del militarismo y la violencia como su acción, de allí que Dussel buscará otros horizontes. En ese proceso que va de una infancia feliz con su familia, un padre que fue médico y reconocido funcionario público, un hermano que fue Físico y que contribuyó en parte al trabajo nuclear en su país (siendo perseguido por los norteamericanos por su posición), una madre que ayudó a construir su pueblo de la Paz dentro de la región de Mendoza, y un círculo social que permitió la emergencia de la gran persona de Dussel, hasta la confrontación que le representó la represión del gobierno militarista, da claras muestras, de cuáles son las bases para su filosofía de la liberación, que se presenta en la mayoría de sus escritos, desde su ética de la liberación, "hacia una filosofía política crítica", pasando por las "20 tesis de política", entrando a su arquitectónica y prosiguiendo a su política de la liberación. Así se aclara como en un numeroso y prolífico construir mundo, se consagra textualmente en sus libros el sentido de su vida.

Posee en su pensamiento y en su vida una estrecha conexión con la escuela de Frankfurt, que fundamenta varios de sus argumentos, en contra de la tragedia realizada por los nazis en Europa (durante la segunda guerra mundial), siendo la escuela y nuestro autor, críticos acérrimos de cualquier totalitarismo. Así Dussel es un partidario contra la exclusión y opresión totalizante de los regímenes y sistemas autoritarios.

Dicha conexión lo lleva a hablar de maestros como Habermas, Horkheimer, Apel, entre otros, que influirán en su entendimiento a la vez que serán base para su crítica, que se puede observar en muchos casos como complemento o como superación a los límites que los europeos por occidentales poseen frente a los filósofos latinoamericanos.

Con su recurso a Emmanuel Lévinas fundamenta algunas de las categorías con las que materializaría la ética de la liberación, en cuanto, Lévinas produjo la sustancia teórica que postula a la ética como una filosofía primera en reemplazó de la ontología heideggeriana.

Considerando la obra del maestro Enrique Dussel sobre la filosofía de la liberación y el postulado del "Otro", podemos hacer un rastreo previo del concepto acentuado en Emmanuel Lévinas, Filósofo Lituano que crítica la asunción del "yo" como único e inmodificable lugar desde el que se presenta el filosofar. Lévinas construye algunas bases para elaborar el proyecto de una ética primera, una filosofía alternativa, que reemplazara la metafísica de Heidegger, puesto que ese postulado se basa en el solipsismo del ser y el existir, sin considerar al otro como fundamental.

> Así pasamos, con Lévinas, de un yo cerrado (ego cartesiano) a un yo abierto, ya que la filosofía a partir de ahora no empezará en el yo, sino en el Otro. Pues, ¿cuándo soy yo? Cuando otro me nombra, si nadie nos nombra no somos nada. Podemos sustituir, de esta manera el "pienso, luego soy", que enunciaba Descartes, por "soy amado, soy nombrado, luego soy" (Gil, Paula. 2011).

Este es el cambio del punto de partida en el pensar filosófico, que se había enraizado en el solipsismo cartesiano, en su ontología excluyente, para pasar a una filosofía ética del reconocimiento del otro, de su necesidad y del servicio que todos los sujetos deben prestarle para su existencia y la de todos, en un fundamento nuevo hacia la solidaridad.

Más que el reconocimiento y el descubrimiento del otro excluido, Dussel propone un proyecto de liberación, una praxis que Lévinas no consideró por no poseer las categorías políticas y económicas, que el autor mendocino encontrará en el materialismo histórico de Karl Marx.

Primero entendiendo a la ética en el sinnúmero de universos de comprensión que pueden existir, desde los individuos y las culturas, y posteriormente, llegando a la comprensión de la ética en cuanto a la voluntad de un bienestar común sobre el respeto del otro. Así, basa su proyecto de liberación en el accionar de un proyecto político que emerge desde abajo, con fundamento en la satisfacción de las necesidades de los oprimidos en un Estado al servicio de la comunidad, en una real ética-política.

A continuación se presentan los puntos fundamentales sobre los que radica la filosofía ética-política del pensador argentino.

1. UN NUEVO PUNTO DE PARTIDA

Comprendiendo la forma en que Dussel se guía por Lévinas, en cuanto al reconocimiento del otro, como primer paso hacia la liberación y hacia una política crítica, es necesario recurrir a la historia del lituano nacionalizado francés, quién fue objeto de persecución por los nazis (por su ascendencia judía) durante la segunda guerra mundial. Él sufrió la pérdida de sus familiares en la tragedia de la guerra xenófoba.

En su reflexión fenomenológica Lévinas halla los rostros del huérfano, la viuda, el necesitado, el hambriento y concluye que la filosofía primera no debería ser la ontología sino la ética, descentrando así el punto en el cual se inicia la filosofía, basada en el ser, y ubicándolo en el otro, en su reconocimiento, en la responsabilidad que recae frente a cada sujeto frente a su otro.

> Esta relación del situado cara a cara ante la alteridad del alguien otro (autrui) es la relación ética por excelencia, que rompe la funcionalidad de los actores (lo óntico), en el sistema (lo ontológico) y los sitúa uno frente al otro, como responsable por el otro (la metafísica). De esta manera Lévinas opone la ética a la política. La primera es esa relación de responsabilidad, por sustitución, por el tomar a cargo al otro como una obsesión, en donde el hambriento se

impone con su hambre como una exigencia irrecusable de justicia. ¡Dar de comer al hambriento! Es un imperativo ineludible (Dussel, 2003, 114).

Ese otro infinito, está antes que el mismo ser, puesto que el sujeto es, de acuerdo a la responsabilidad que esos otros tuvieron con él hasta el presente (para esto solo basta recordar la familia y como emerge cada individuo de éste núcleo social).

El complemento trascendental de Dussel, de no solamente recurrir a la ética, para observar y tomar conciencia de la problemática (como lo hace desde su alteridad negativa Lévinas), sino actuar, accionar su ética de la liberación con un proyecto fundado en las categorías políticas y económicas (que le proporciona la teoría marxista), es un enfoque de la nueva filosofía basada en la ética, su ética de la liberación.

Es la acción en el reconocimiento del otro, oprimido, victima, excluido, violentado, perseguido. El complemento que Dussel da a una nueva filosofía radical que equivale al modelo ideal – utópico que se presencia en la igualación social marxista, en cuanto a una verdadera sociedad integrada, sin poderes opresores o excluyentes.

Es complemento Dussel de Lévinas, de acuerdo a la forma como éste último comprende a la política, en una concepción combinada, donde no se presenta la separación entre el estado político y el estado de guerra, "esto es lo que Lévinas denomina l´ontologie de la totalité issue de la guerre" (Dussel, 2003, 113). Concibiendo así a la política como el resultado de la guerra y de los vencedores que conforman un orden político en cuanto a sus intereses. Pero sin detenerse en un proyecto político que de solución a la problemática del oprimido. Así Dussel en su filosofía de la liberación da pasos de gigante hacia la conformación de una nueva sociedad incluyente. Algo que Lévinas tan solo vislumbraba, pero que no teorizó.

Yendo a Karl Otto Apel y su ética del discurso, Dussel crítica su planteamiento científico social, que categoriza antes de conocer y reconocer la realidad; así se aleja de la percepción primera (Lévinas), volviendo ambiguo el entendimiento de las raíces sociales que se observan en la cotidianidad; se expresa que debe existir un proceso hacia la filosofía ética, afirmando que: "El sujeto reflexivo debe ya presuponer siempre a priori que el otro ha sido reconocido como persona"(Dussel, 1995, 1143). Un reconocimiento de la persona, desde la semejanza con el otro, en cuanto ésta se acerca al concepto de amistad (philia), definido en Aristóteles, como amor de lo semejante por lo semejante. Es llegar a articular el reconocimiento del otro como experiencia ética basada en la amistad, que va más allá de si mismo.

Con Lévinas, Dussel supera a Apel en su ética del discurso, hacia una ética de la liberación, puesto que la racionalidad ético-originaria es anterior a toda argumentación, y por lo tanto, anterior al proceso de trascendentalización y fundamentación apeliana.

La racionalidad ético-originaria se expresa en la comprensión de un sujeto dentro de una sociedad, no desde una postura científica social, como limitar al esclavo dentro del sistema esclavista en razón a su funcionalidad, sino en comprender al esclavo como una persona, como otro objeto de opresión y de la que debe emerger una política crítica, hacia una ética de la liberación.

> La ética de la liberación puede emprender, desde el re-conocimiento del otro, y desde el imperativo o norma ética básica (¡libera al otro negado en su dignidad!; sea el pobre, la mujer, la clase obrera, la nación periférica, la cultura popular dominada, la raza discriminada, las generaciones futuras, etc.), el proceso (procedimental discursivo) de la validación intersubjetiva del *factum,* por ejemplo de la miseria de los explotados o excluidos(teniendo en cuenta que hay comunidad de comunicación hegemónica o dominante, y por ello, la validez propiamente ética puede darse al comienzo solo entre los mismos dominados o excluidos).(Dussel, 2003, 1144).

Aquel re-conocimiento que se hace necesario en las sociedades en las que la exclusión ha cobrado un papel central, con excusas de progreso o de modernidad, y que ha dejado marginados a los grupos sociales que por sus diferencias, tradiciones, costumbres o formas de vida, se llegan a posicionar como ese otro que el pensamiento yoico se atreve a dejar a un lado en su prepotencia hegemónica.

2. EUROCENTRISMO COMO FALACIA DESARROLLISTA

Destacando a Apel, Dussel indica que en el descubrimiento del ensimismamiento ocasionado por el eurocentrismo se puede llegar a “la toma de una conciencia crítica refleja”(Dussel, 2003, 1145). Ésta conciencia va hacia el despertar de la hegemonía, llegando al pensamiento racional-originario del respeto del otro como persona.

Entendamos al concepto de eurocentrismo como la pretensión de identificar la particularidad con la universalidad, sin más, desde un proyecto hegemónico global (sin comprenderlo como una construcción supra-estructural), que de forma “sutil” genera una falacia desarrollista, en la que todas la culturas deberían ser igualadas de acuerdo a los ideales de progreso y modernidad de la metrópoli imperial, creando un desarrollismo que “debe” ser alcanzado por todos los demás, diciendo todo esto desde el solipsismo cartesiano que nos lleva a la posición del ojo de dios, cometiendo la hybris desde el punto cero (expresiones de Santiago Castro-Gómez y la decolonialidad).

Podría indicarse siguiendo el estudio de Dussel (1994) que la constitución misma del poderío y señorío europeo se inicia cuando se tiene plena conciencia de la globalidad del mundo y de la oportunidad que representaba a los europeos el poder expandirse como cultura central de todo el mundo, abarcándose como la cultura occidental.

A través de la violencia impusieron un orden internacional de acuerdo a la medida de sus necesidades y descartaron de plano todo "Otro" (pensamiento, cultura, forma de vida) que pudiese surgir desde cada región del planeta, haciendo un plan global que instaura en el "dios-capital" la única verdad para el desarrollo de las sociedades.

Con la expansión europea se da un choque, una confrontación entre culturas, que resulta en la imposición definitiva de la raza más fuerte y "civilizada", donde se presenta el dominio total del centro sobre la periferia. Realizándose efectivamente un "en-cubrimiento" que borra cualquier otra cultura que llegue a ser diferente a la occidental.

Con el discurso racional se genera un encubrimiento de las realidades que se presentan en la expansión europea. Son justificadas así las masacres, el genocidio y la exclusión del Otro, como ocurriría en la conquista de México, realizada por Hernán Cortés, quién valiéndose de estrategias utilizadas por los españoles en su lucha contra los musulmanes (moros), aplastará con pocos hombres a un imperio constituido por millones de habitantes, como lo fue el Azteca. Aunque ayudado por la proliferación de las enfermedades que los mismos europeos introdujeron en América, las muertes producidas por el salvajismo, la bestialidad y la soberbia de los europeos, genero un genocidio que aún hoy tiene repercusiones. Dussel afirma que:

> América Latina desde 1492 es un momento constitutivo de la modernidad, y España y Portugal como su momento constitutivo. Es la "otra-cara" (te-ixtli en azteca), la Alteridad esencial de la modernidad. El "ego" o la "subjetividad" europea inmadura y periférica del mundo musulmán se irá desarrollando hasta

llegar, con Hernán Cortés, en la conquista de México (el primer espacio donde dicho "ego" efectuará un desarrollo prototípico), a constituirse como "señor del mundo", como "voluntad-de-poder". Esto permitirá una nueva definición, una nueva visión mundial de la modernidad, lo que nos descubrirá no sólo su "concepto" emancipador, sino el "mito" victimario y destructor de un europeísmo que se funda en una "falacia euro-céntrica" y "desarrollista" (Dussel, 1994, 21).

Para comprender la figura del eurocentrismo es necesario revisar la primera conferencia que genera Enrique Dussel en la escuela de Frankfurt durante su discurso pronunciado en Octubre de 1992, con motivo de la conmemoración de los 500 años del descubrimiento de América, que el catalogará como el "en-cubrimiento" de lo Otro. En ésta, se presenta la racionalización del "ego cogito" cartesiano, como la posibilidad del hombre moderno para ubicarse desde la visión de Dios, en el centro del universo, para reemplazarlo y situarse, él mismo, como el organizador de una sociedad moderna. Es el lapso que va de la edad media hacia la modernidad, donde el teocentrismo es cambiado por el antropocentrismo, generándose el reino de la subjetividad europea, canalizado todo por el pensador francés, que en su discurso del método, integrará la figura prototípica que guiará el pensamiento europeo hacia la modernidad.

Frente a esto Ramón Grosfoguel ubica el universalismo occidental, generado desde Descartes, indicando que:

> En occidente hay una larga tradición de pensamiento acerca de lo universal. Descartes fundador de la filosofía moderna, con su lema "yo pienso, luego soy", entendía lo universal como un conocimiento eterno más allá del tiempo y el espacio, es decir, equivalente a la mirada de Dios. En la lucha contra la teología cristiana hegemónica, a mediados del siglo XVII, Descartes puso como fundamento del conocimiento al "yo" donde antes estaba el "Dios cristiano". Todos los atributos del "Dios cristiano" quedaron localizados en el "sujeto", el "yo". Para poder reclamar la posibilidad de un conocimiento más allá del tiempo y el espacio, desde el ojo de Dios, era fundamental desvincular al sujeto de todo cuerpo y territorio, es decir, vaciar al sujeto de toda determinación espacial o temporal. De ahí que el dualismo sea un eje fundamental constitutivo del cartesianismo. El dualismo es lo que le permite situar al sujeto en un no-lugar y en un no-tiempo que le posibilite hacer un reclamo más allá de todo límite espacio-temporal en la cartografía de poder mundial (Castro-Gómez, 2007, 63).

Así queda fundamentada la visión y guía del pensamiento que hará que los europeos se justifiquen para expandirse por el mundo, actuando como dioses sobre la tierra y esclavizando, matando, excluyendo, denigrando, violentando y repartiendo su cultura como la única válida para existir, con la supresión total de las demás, hacia la construcción de su proyecto hegemónico. Por esta razón, y de acuerdo a la perspectiva de una necesaria crítica al proceso que se realiza en nuestra región como globalización, se propone que ésta no siga los parámetros que se han establecido desde la conquista y colonia, sino que siga la egida de una trans-modernidad incluyente, como lo afirma Dussel: "no negamos entonces la razón, sino la irracionalidad de la violencia del mito moderno; no negamos la razón, sino la irracionalidad postmoderna; afirmamos "la razón del Otro" hacia una mundialidad trans-moderna" (Dussel, 1994, 22).

Los procesos que llevaron a que la globalización se tornara como la expansión hegemónica homogeneizadora que es hoy, fueron la capacidad del capitalismo de mantenerse como el mejor modelo de reproducción social, el colapso de los demás modelos económico-políticos, la fundamentación del mundo en base a la visión europea de hombres blancos oprimiendo y discriminando, a donde llegarán a la población, con diferencias en su raza, cultura, etnia, religión, forma de concebir la vida, de pensar la vida, de sentir la vida, modelo excluyente, que aún en la actualidad persiste.

En el campo de la epistemología, la ideología cientificista euro-centrada impone que el único conocimiento válido es el emitido por la metrópoli o imperio, y que cualquier pensamiento o ciencia foránea debe clasificarse como bárbara o primitiva. En el plano económico las fuentes energéticas cobran una gran importancia para un mundo en constante movimiento, generando guerras por el petróleo o acceso a él.

En el plano político la minimización del Estado nación y la intervención de las organizaciones supranacionales (como el Fondo Monetario Internacional, el Banco Mundial o el Banco Interamericano de Desarrollo) con sus reformas neoliberales, le abren el paso al poderío de las elites trasnacionales que ostentan la mayor cantidad de recursos económicos, con los cuales influyen en todas las esferas político-sociales de los Estados nación sin que les afecte demasiado la soberanía de cada uno de estos.

En el plano militar, con la consolidación de Estados Unidos como primera potencia y su establecimiento del orden unipolar, se ve su intervención radicalizada y materializada en guerras como las de Irak y Afganistán, teniendo presente el orden del mundo que se va a establecer después de los atentados a las torres gemelas el 11 de septiembre de 2001 (Fazio, 2002). Este orden impone las guerras preventivas, la exacerbación de la unipolaridad del mundo y el fuerte posicionamiento militar estadounidense a nivel mundial, en intervenciones marcadas en los territorios de países como Arabia saudita, Palestina, Colombia, entre otros.

Desde el inicio del expansionismo europeo, se está planteando una hegemonía de su forma de entender el mundo sobre el resto, denominada eurocentrismo (Dussel, 1994, 13). Aunque ese resto de población sea una mayoría planetaria, con el proceso que han establecido los imperios europeos y sus avances científicos, tecnológicos y militares, se ha hecho posible que una minoría controle al mundo, y éste se tienda a homogeneizar con su paso hegemónico global.

Pero existe la posibilidad de crear una alternativa a esa expansión homogeneizadora, que se expresa en el giro decolonial del conocimiento hacia una epistemología de lo otro, hacia un universalismo concreto y no abstracto, hacia la valoración de lo demás y no al eurocentrismo como fuente única de saber.

3. LA TRASCENDENTALIDAD TRANS-ONTOLÓGICA

Superar la comprensión ontológica solipsista y excluyente, hacia la generación de un reconocimiento del otro en su vastedad sin comprenderlo en su totalidad, acarrearía dejar al otro en su libertad inconmensurable, que logra la riqueza cultural, que ha tratado de ser suprimida en el proceso hegemónico globalizante, que reduce complejidades para la subsistencia del sistema.

Es el reconocimiento de lo otro en comunidad sin llegar a trasgredir la libertad y el infinito mundo otro, es no obligarlo a entrar a la fuerza en mi entendimiento. Recurriendo a lo expuesto por Francisco Bilbao en la confección de su evangelio americano: La liberación del hombre y la sociedad, pasa por la libertad del sujeto al gobernarse a si mismo, es decir, por la soberanía del hombre. Una soberanía que toma en serio la libertad propia como la de los otros, en palabras de Bilbao "mi libertad es la libertad de todos" (Bilbao, 2008, 212). La libertad del individuo soberano, no es la libertad autista de la modernidad, sino que es libertad dialéctica con el otro.

Llegando a la razón ética-originaria, propuesta en la que se relaciona mi mundo con el Otro en completo respeto e inclusión, de acuerdo a una verdadera liberación de la mentalidad de dominación presente desde la conquista, se evita que el ego cogito suprima la alteridad.

Materializando en sus receptores y exponentes la ética de la liberación, ésta sirve al bloque social de los oprimidos o excluidos del capitalismo periférico, quienes somos la gran mayoría de los habitantes del antes llamado tercer mundo.

Para comprender la propuesta de Dussel hay que referirse a la exterioridad de la totalidad que descubre Levinas, "puesto que la meta-categoría de exterioridad puede iluminar el análisis que se propone indagar la positividad cultural no incluida por la Modernidad, no ya desde los supuesto de una post-modernidad, sino lo que hemos llamado la trans-modernidad. Es decir, se trata de un proceso que parte, que se origina, que se moviliza desde otro lugar que la Modernidad europea y norteamericana" (Dussel, 2001, 405).

Con esta visión trata Dussel de salirse del cauce hegemónico que produce la modernidad y trata ante todo de contrarrestar el ocultamiento que se venia haciendo de las culturas que no eran consideradas por la horda civilizadora occidental.

Esa trans-modernidad reclama el puesto que los occidentales usurparon a los demás cuando en su afán civilizador excluyeron, negaron e ignoraron a la alteridad global. La cultura de la mayoría de la humanidad puede compararse con la riqueza que oculta para el hombre la selva tropical, no desde un punto de vista ecológico sino desde un punto de vista de relaciones interhumanas de solidaridad.

La propuesta en definitiva se centra en que:

> Esa trans-modernidad debería asumir lo mejor de la revolución tecnológica moderna – descartando lo anti-ecológico – para poner al servicio de mundos

valorativos diferenciados, antiguos y actualizados, con tradiciones propias y creatividad ignorada, lo que permitirá una enorme riqueza cultural y humana que el mercado capitalista trasnacional intenta suprimir bajo el imperio de las mercancías universales… trans-modernidad futura polifacética, hibrida, post-colonial, pluralista, tolerante, democrática, con esplendidas tradiciones milenarias , respetuosa de la exterioridad y afirmativa de identidades heterogéneas (Dussel, 2001, 407).

Esa trans-modernidad es el escenario de inclusión social faltante en los proyectos de civilización, y deuda frecuente del pensamiento liberal, que tan sólo se dedicó a legitimar el poder por el poder, y no se estableció en las bases democráticas, atentando contra su principio fundamental, llevar al hombre al máximo goce de sus libertades en una situación de igualdad, algo que en la actualidad se ha dejado de lado por la mentalidad capitalista, que ha copado lo espacios de la razón y mueve a las personas en contra de su naturaleza, to0do por la construcción de un proyecto de vida a favor de que prospere y se mantenga el estilo de vida (fundamento americano).

4. LA PRAXIS ÉTICA DE LA LIBERACIÓN

La eticidad de una praxis de la liberación se basa no en la ética del capital, sino en considerar el reconocimiento del Otro y de su historia de opresión y exclusión, como la base para la liberación hacia el salvamento de su dignidad. Es el reconocimiento de los criterios con que se va a enfrentar la liberación y descubrir cuáles son los argumentos de la opresión o su legitimidad.

Para llegar a la ética de la liberación recurre Dussel a Marx, puesto que la ética marxista descubre de manera crítica el contexto de una sociedad capitalista.

La ética que exalta Dussel va en pro de la defensa de una clase que resulta desfavorecida en la producción capitalista (los obreros), se pone de lado de la justicia social y saca a la luz el controversial plus-valor, invisible para los burgueses y proletarios, pero evidente para la mirada científico crítica de Marx.

Considerando que para Marx la ética "debe concebirse dentro de un movimiento dialéctico, no trivialmente cosificado, objetual, empírico dentro del sistema vigente" (Dussel, 2001, 304), se provee la cientificidad de sus argumentos con una mirada crítica que exalta la ética que debe dar a la luz el plus valor impago, que se ha vuelto la fuente de riqueza para la burguesía y que ha hundido en la miseria a la clase obrera.

Haciendo una comparación entre Smith y Marx, en cuanto a sus juicios de valor, se observa la exasperada crítica de Adam Smith a la forma como en la antigüedad la esclavitud se posicionó como sistema de producción generalizado, observando los excesos contra la humanidad que se encontraba debajo de ese yugo. Dice Dussel que Marx hace algo parecido, pero considerando las condiciones del capitalismo, en contexto de una revolución industrial generalizada en la Europa del siglo XIX, poniendo como punto central el argumento del plus valor impago, y yendo hacia la utopía de una sociedad igualitaria y justa.

El punto central del argumento (el plus valor impago como robo), se hace presente debido a la amplia mirada que posee Marx, que deja atrás la perspectiva intra-sistémica, que observa en el acuerdo entre burgués y obrero, un salario que no destaca nada anti-ético, más sin embargo, yendo más allá de la pura visión capitalista, de forma trans-sistémica, Marx encuentra el robo presente en la forma en que el obrero es explotado por el burgués en su trabajo, que no resulta debidamente pago.

5. EL PRINCIPIO DEMOCRÁTICO: IGUALDAD

Al entrar en la forma como está construido consensualmente el principio democrático, Dussel explica que la razón político-discursiva ha estado presente en las sociedades como factor a priori a cualquier orden y es el que ha consolidado los esquemas de poder desde la antigüedad hasta la actualidad. Se hace referencia a la Pietra Nigra en el foro romano, para observar como en comunidad se ha construido el poder político, una semejanza con la idea del contrato originario que funda la unidad social y la común unidad para llegar al Estado que provee las condiciones de vida para la satisfacción de las necesidades de la sociedad. A la vez se recuerda la piedra en que Abraham y Dios pactan en Jerusalén la alianza, lo mismo se afirma de la Meca, son puntos de origen que señalan como las sociedades colocan las primeras estructuras para sustentar una existencia en compañía de los otros, en esa esencia discursiva política que vuelve al hombre en el zoom politikon aristotélico.

Todo esto para llegar al punto del contrato social como idea fundamental que entrevé el consenso necesario que en comunidad se presenta como comunicación política que acepta una cierta institucionalidad como la propia, aquella que permite ejercer el poder (la potestas) por parte de las autoridades – desde el rey, el jefe del clan, los ancianos de Israel, los senadores de la republica romana, el emperador chino y su burocracia, los parlamentos de Tebas, Atenas, Venecia e Inglaterra conformados por los comerciantes más importantes, entre otros que han configurado el poder político -

. Así que el ejercicio del poder debe basarse en la legitimidad que sobre el mismo la comunidad comunicada aporte para el gobierno de las autoridades.

Entrando en lo discursivo político hacia el consenso autónomo, libre y soberano se puede llegar a lo que denominó Habermas como el principio democrático. Ese principio material del ejercicio de la razón política. Lo que Enrique Dussel va a comprender de acuerdo a la siguiente afirmación:

> ¡Decídase la mediación necesaria de manera libre, autónoma, democrática o discursiva legítimamente según las reglas públicamente institucionalizadas! (Dussel, 2009, 397).

Se define el reconocimiento como aquel acto de la razón, en el que inmiscuido con la política, se interpreta como el conocer al otro como igual. Es el doble movimiento, de no solo quedarse a conocer que es el otro sino aceptar e interiorizar que la esencia de ese otro, no es lo ajeno que me resulte, sino la persona que existe y se presenta como mi igual.

En el nivel social el reconocimiento es aquello que lleva al hombre en común unidad a mantener afecto por los miembros pares de su cotidianidad. Es esa voluntad elevada al nivel de la comunicación que hace posible compartir el mundo con el otro en una relación fraternal que se encuentra forjada en la posibilidad de la convivencia pacífica.

No es la negación de la diversidad, ni la homogeneización de la sociedad para pacificar una sociedad, es la construcción en consenso de una realidad basada en la diferencia y su reconocimiento en completo respeto y común entendimiento de la igualdad que nos convoca a todos y que va más allá de la piel oscura o clara que los hombres y mujeres tengamos para contener nuestro espíritu.

Ese respeto que Kant tanto apreció y que no le edificó un rechazo como a cualquiera de las emociones, sino que lo entendió como una entidad cuasi-formal que entrañaba la esencia misma de la humanidad y de la posibilidad de conformar una sociedad justa.

En ese proceso hacia la igualdad Apel nos refuerza la convicción de la posibilidad de la común unidad, de acuerdo a su postulado de que el reconocimiento del otro permite una argumentación que en el momento intersubjetivo de la comunicación considere seriamente los planteamientos de los demás sin proveer el espacio para la exclusión.

Así se dan las pautas para un consenso legítimo que lleve al hombre a una sociedad incluyente y justa, en la que todos conformamos una común unidad, sin mayorías opresoras, minorías absolutas, o patriarcados culturales. Todos serian sinónimo de democracia en sentido estricto.

Dussel nos insta a la comprensión del principio democrático como acercamiento a la noción de mandar obedeciendo, en cuanto a la estrategia del poder que se institucionaliza en la decisión de la "potestas" por conformar un cuerpo especializado para la autoridad, que conlleva un consenso generalizado a favor de un tipo de gobierno en el cual la obligación se presenta como propio respeto de la palabra dada en la configuración social. Es un más allá del consenso traslapado de Rawls, que no se basa en salir de un estado de naturaleza, sino que en estado de política se ejerce la decisión para cuadrar la sociedad deseada con la normatividad y las instituciones que ésta exige.

Es la comprensión que sobre democracia se genera: "es el tipo de organización que unifica los seres humanos por el consenso racional, dándole poder y mayor poder como potencia en la unidad" (Dussel, 2009, 401).

Con la democracia no se incentiva el individualismo liberal que domino el modernismo, es el paso que se consolidó en la creación de una mentalidad común para el respeto y la inclusión de todos. Es comprender a la sociedad como la unión que cobra más fuerza y vigencia entre más compacta se halle. Así se encuentra el espacio de confrontación entre ideología individualista e intersubjetividad comunicacional, responsable, dinámica y en movimiento dialógico hacia la verdadera comunicación política que lleve a la decisión que instaura el consenso de todos.

El encuentro del principio democrático va más allá de la esfera material y del principio del derecho, puesto que se halla en el origen de la sociedad y la constitución del poder político. Se dice: denominaremos principio democrático a un principio universal político situado en el nivel originario donde se geste la legitimidad primera (Dussel, 2009, 404). Es ese poder anterior al constituyente, aquel instituyente que se instaura en el consenso y que se reaviva en la unión.

Frente a la crisis de lo institucionalizado el principio democrático emerge como la forma como el pueblo vuelve a crear consenso, aquel fundamento primero que encausa un acto hacia lo político.

Es el primero de los principios que fundamenta la vida en comunidad y que se instaura en la raíz primera de cualquier común unidad hacia la conformación de lo social.

En la práctica de la democracia aparece la intersubjetividad actual que nos lleva a una cultura política que interrelaciona las escuelas de cuadros de los partidos políticos, los medios de comunicación y los testimonios de una vida en igualdad, que entrevén la difusión y la crítica democrática. Se presenta el encuentro entre sinónimos del principio democrático con el principio de la legitimidad política, generándose un encuentro entre iguales percepciones del origen esencial del poder político, ese acto que divide la historia de la prehistoria en la organización social. Todo de acuerdo a la consideración de que el consenso es factor de lo político.

En la voluntad de participación se encuentra el respeto al acuerdo alcanzado en el consenso. Esa aceptación del otro como compañero que hace parte de la comunidad.

Pasando al autoritarismo como tipo espureo de poder político vale decir, que existe el trabajo de autores que han criticado la fetichización del poder, cuando se presentan los personalismos en los mandatos. Ejemplo de ello es la crítica generada por Hannah Arendt al totalitarismo nazi, que despolitiza el campo político y organiza un campo policial en favor del desarrollo de una estructura industrial – militar con voluntad imperial: autoritarismo nacional – capitalista, ya que de lo racista es una excusa para la eliminación del capital judío alemán (Dussel, 2009, 413). También cabe resaltar la crítica de Ernesto Laclau al socialismo real, puesto que éste destituye la política transformándola en administración económica desde el Estado: Un autoritarismo economicista.

Lo anterior se considera en la condición de que el ejercicio del poder se centra en la coacción hacia los gobernados, estableciendo que la legitimidad se halla en el consenso, en el principio democrático, lo que supone que éste ejercicio se desconfigurará con el uso excesivo de la violencia para la dominación. Así se llegará al punto en el cual los consensuados, que formaron la comunidad política rechacen la opresión y se liberen, asumiendo el poder constituyente para afrontar la crisis que creó la tiranía. Esos solipsismos egoístas y autistas terminan en la debacle frente a la profunda potencia del poder político real.

Así comprendemos que el autoritarismo, como cualquier dictadura, representa la anti-política que en su discurso declama odio excluyente, contrariando cualquier esfera del poder político que consagra el principio democrático. Al final el dictador quedará como la bestia solitaria que henchida de poder, se ahoga en sus propias babas de angustia al no poder detentar el poder como yugo que lo mantenía.

Llegando al punto de la diferencia entre política y anti-política de a cuerdo al principio democrático, cabe decir que la democracia es un proyecto sin fin que se consolida en la unidad de la sociedad y que se renueva en los nuevos pactos que se producen a diario. Esta democracia no debe permitir las mayorías tiránicas en el poder y la decisión sino que infunde la igualdad en todos sus momentos, lo que implica la inclusión de las minorías, que revigorizan el sistema y le dan la tan necesaria crítica para mantener una legitimidad desde el consenso, mejorando las condiciones con que se fundamenta la vida democrática en igualdad.

Con esto se presenta la *fronesis*, esa prudencia que Sócrates representará virtuosamente ante la asamblea ateniense y que develará que las mayorías tienden a equivocarse más de la cuenta. En ese orden de ideas y en el establecimiento del principio democrático en la praxis, se observa como el Estado democrático se complementa con el Estado de derecho, que institucionaliza los procesos de la comunidad y oficializa aquellos momentos en que el consenso fue el garante de la construcción social.

De acuerdo a lo anterior, se estatuye la práctica democrática lograda en consenso y los participantes son obligados a obedecer sus propias decisiones como mínima coherencia en su pensamiento político. Todo se resume en la comprensión de que el principio democrático crea condiciones necesarias para una primera institucionalización hacia un mandar obedeciendo, propio de los zapatistas en Chiapas y opuesto a la hegemonía del individualismo liberal – capitalista.

Concluyendo, cabe mencionar la equivocidad que la democracia como modelo de gobierno posee, siguiendo los pasos que David Held pronuncia para definir nueve diferentes tipos. La primera es la democracia clásica, luego estaría la democracia protectora, aquella que en el medio liberal estaría supeditada al primer capitalismo y a la burguesía. La tercera democracia sería la radical promulgada por Rousseau y Wollstonecraft dad en la pequeña Ginebra. El IV modelo sería la democracia directa propuesta en la comuna de Paris y en algunos textos de Marx, en la disolución del Estado.

La quinta forma sería la democracia elitista competitiva referida por Weber y Schumpeter que es llevada a cabo por políticos profesionales y partidos políticos con posiciones antagónicas en un régimen parlamentario.

El VI modelo es el descrito por Robert Dahl y las intuiciones de Madison como pluralista donde se muestra la importancia de los grupos de interés o de presión, siendo las fracciones políticas la base de la vida política, en esa competencia que genera un fermento democrático.

El séptimo modelo emerge de la comprensión de Held sobre Seymour Martin Lipset y aquella democracia que se presenta en los Estados mínimos neoliberales, asumiendo la democracia como participación privada sin intervención estatal. Así se le da a la iniciativa privada toda la libertad de privatizar el antiguo Estado de bienestar.

La octava democracia de Held es originaria de Poulantzas, MacPherson y Pateman (nueva izquierda) que se puede llamar participativa. Un acercamiento a una socialdemocracia como punto medio entre socialismo y democracia liberal.

Por último se encuentra el noveno modelo denominado democracia deliberativa que sigue a Jurgen Habermas desde la propuesta de Bohman que muestra la necesidad de articular la pobreza política con la democracia deliberativa.

Finalmente, Dussel nombra el engaño del llamado a la democracia por parte de los Estados Unidos quienes promocionan la democracia tan sólo para patrocinar guerras por recursos naturales como se presenta en Irak.

6. LA DEMOCRACIA: UNA VERDAD Y UN VALOR ÉTICO EN CONSTRUCCIÓN

En los momentos de una profunda crisis en Colombia, aparece la necesidad de buscar una verdadera democracia que se ha ausentado de la vida política de nuestra sociedad.

El profesor Herrera se plantea el objetivo de esclarecer el concepto de democracia en cuanto a "la creación de una mentalidad democrática en todos los ciudadanos como presupuesto indispensable para la existencia de una sociedad democrática" (Herrera, 2002, 90). Todo en pro de una verdadera vivencia fundamentada e intencionada para la apropiación democrática del mundo de la vida.

En cuanto a éste esclarecimiento el concepto de democracia se presenta múltiple (equívoco), puesto que no es suficiente la definición de "soberanía popular", sino que existen variables al concepto que lo adentran en una percepción oscura. Las democracias de tipo liberal, burguesa, socialista, participativa, subsidiada, entre otras, convierten el concepto en una amplia gama de sentidos y significados implícitos en diversas sociedades.

En el camino del esclarecimiento se recurre a ir a las cosas mismas. Allí se dejan a un lado las ideologías y se va a "la intencionalidad no realizada ni realizable plenamente; ante el proyecto que un pueblo – el griego – se dio un día, y que, posteriormente, fue asumido por todos aquellos que nos reconocemos culturalmente herederos de sus ideales" (Herrera, 2002, 91). Se va al sentido de comunidad en su posible ser, de acuerdo a lo que debería ser la convivencia humana y su práctica colectiva. Es la referencia a la democracia saliéndonos de su percepción organizativa del Estado y llegando a su sentido como mentalidad vivencial cotidiana en la cual se centra un "ethos", un modo de ser en comunidad por el cual se guía la experiencia humana.

Considerando que la democracia no se impone (como en un decreto) sino que se construye a diario, llegando a acuerdos que posibiliten la convivencia entre los distintos, la percepción que hace el profesor Herrera nos permite configurar una democracia creada desde abajo, por todos en común-unidad y no concibiendo a la democracia como la forma efectiva de un gobierno.

Para hallar una verdadera democracia, se inducen ciertos presupuestos que se complementan entre si. Primero la verdad no es "la conformidad del pensamiento con lo que es, ha sido y será eternamente. La verdad es encuentro y diálogo" (Herrera, 2002, 92), y allí, el sentido de constante crítica al estado de cosas que no se establece por las autoridades supremas tradicionales, sino que en el acuerdo hablado, llega la inclusión real de todos en común-unidad. Es una verdad desde la praxis humana, en plena comunicación e interrelación subjetiva, llegando a la objetividad propia y clara del concepto. Complementariamente la democracia como verdad en construcción, es aquel "ideal de vida social y política que un día el pueblo griego inicio dentro de su horizonte histórico vital" (Herrera, 2002, 92). Un ideal a futuro que desde el presente se halla como utópico, pero que en definitiva es realizable en la construcción comunal de una sociedad de derechos, sin el quebranto o flagelo de los gobierno violentos sobre sus espaldas.

Cuando se presenta el ejercicio del poder de manera violenta para parcializar, dividir y despolitizar a la comunidad, en "apariencia" se logra más poder sobre la sociedad (autoritarismo, totalitarismo) "pero en realidad en estos casos disminuye el poder de la comunidad, porque se aísla a los miembros del todo político; la comunidad pierde poder y el gobernante también pierde fuerza (en tanto que no puede ejercer delegadamente dicho poder para desarrollar la vida de la comunidad o defenderse de ataques externos), y da pasos al uso de la coacción sin consensos" (Dussel, 2009, 150).

El poder político se identifica con el consensual-comunicativo desde el doble movimiento para su ejercicio legítimo. Así se establece que el poder delegado-institucionalizado (potentia) deviene de la potestas, que es la acción comunal, de la convocatoria a la asamblea constituyente para conformar una constitución.

Estos delegados en un bloque histórico se presentan como la clase dirigente que en alianza con los demás grupos sociales y en hegemonía respetuosa de las minorías, ejercen un poder político de acuerdo a la voluntad y razón política de todos en la comunidad de forma combinada y en pro de su beneficio.

La propuesta se observa en la afirmación: "el poder consensual institucionalizado como poder político ejercido delegadamente por un gobierno, en tanto poder político fundado en la Potentia, cobra así la fisonomía del poder político hegemónico" (Dussel, 2009, 93). Todo esto nos lleva a afirmar que la construcción democrática deviene del acuerdo y no de la imposición, algo que tienen en común las posturas de Herrera y Dussel.

El último presupuesto que complementa la definición de verdad y la democracia como verdad, es el modo de ser de las persona de acuerdo a los valores democráticos. Lo afirma así el profesor Herrera: "la democracia no solo es una verdad en construcción. Ella es ante todo un Ethos, un modo de ser, también en construcción, con base en vivencias valorativas" (Dussel, 2009, 93). Así configurando un circulo virtuoso, amplia de lo concreto a lo comunal universal, la percepción de la democracia, comprendiendo a ésta como el modo de ser persona en sociedad; una sociedad en construcción por el compromiso democrático de sus individuos. Lleva de esta forma a la democracia y su modo de ser persona, a la experiencia de los valores, sin los cuales no se tendrían raíces para sostener una vida democrática. Todo apunta a que "no se puede ser demócrata cuando no se ha experimentado el valor de la solidaridad, del altruismo, de la responsabilidad social, del espíritu cívico, del respeto por los bienes comunes y ante todo el respeto por la persona humana" (Dussel, 2009, 93). Aquí se enmarca un compromiso ético para la construcción de la democracia, en el establecimiento de un sentido social de común-unidad para el avance de todos, sin llegar a discursos de mayorías excluyentes.

En Colombia aunque tengamos 200 años de historia republicana, aún somos novatos de la democracia. Estar inmersos en los siglos XIX y XX en las luchas partidarias, que fueron dirigidas desde arriba para el deterioro de los de abajo, postula uno de los aspectos de un sistema político nacido enfermo, que se alimenta del mimetismo y de la reforma para su sostenimiento. Nuestro espacio geográfico (otro aspecto), ha hecho que la unidad no se pudiese consolidar sino en ciertas regiones y después de mucho tiempo de ser libres del yugo español. Además la corrupción rampante de los gobernantes y su desinterés por el colectivo de los gobernados, nos lleva a la catástrofe de una sociedad descuartizada, que no se atreve a pensar en política, sino como un sinónimo de malicia, de apropiación del botín, de flagrancia y de actitud avivata de apoderarse de la riqueza por el propio interés, en un fetichismo del poder insuperable.

Aun hoy con el establecimiento de una constitución más plural, nos encontramos con la duda identitaria, reflejo del descuartizamiento político de nuestra sociedad.

El rezago de la colonia nos quedo tallado en los huesos, cuando quisimos realizar un proyecto independiente, habiendo vivido sin política, hallando tan solo el camino del mimetismo infantil para llegar a un gobierno.

Ejemplo de esto es el réspice polum (política del presidente Marco Fidel Suarez) que idealiza la guía del polo desarrollista del norte para orientar el propio proceso de modernización.

De allí al reformismo en un solo paso, que nos brinda un destino controlado por agentes externos a nuestra sociedad, y que advierte el dominio de la primera potencia imperial sobre nuestra política, economía, cultura y sociedad, entre otros aspectos. Cualquier consenso de Washington es coincidencia y el neoliberalismo que a tantas personas ha destruido su mundo de la vida, es solo una consecuencia.

Aunque hubo una luz de esperanza a la mitad del siglo XX con Jorge Eliecer Gaitán, esta fue frustrada en la eliminación magnicida, encausada por las fuerzas oscuras, que se benefician del siempre cotidiano estado de cosas, desde antaño a la actualidad.

Solo es necesario ver la secuela del frente nacional, establecimiento de la oligarquía en el poder, que gobernó en un continuo estado de excepción y generó políticas de seguridad nacional como las de Turbay, con los que se seguían a rajatabla los designios del imperio del norte.

¿Cómo construir democracia en un país desde siempre intervenido, descuartizado y criado por la violencia ideológica? En el fin de la década de 1980 llega cierta reacción hacia la tan necesaria construcción democrática (aunque aún medida por intereses particulares) cuando inmersos en la crisis del narcotráfico (en todos los ámbitos) se hizo posible llegar a la constituyente.

En 200 años de vida política, solamente 20 han sido vividos para la construcción de la democracia. Con la constitución de 1991 se llega al triunfo de la pluralidad de sujetos autónomos como gestores de su propia historia. Es la edificación desde el derecho de un proyecto de vida político, hacia la ética de un sistema político nacido enfermo. Es la aproximación al ser intersubjetivo, una democracia que se nos presenta no solo como estructura estatal sino como proyecto de autorrealización de los sujetos, en un Estad como momento de la sociedad civil, no como una propiedad privada, sino como colectivo en el salvamento de la vida en la democracia. Todo en el establecimiento de la participación como figura clave de la intersubjetividad.

Para llegar al "ethos" democrático, la educación se presenta como la posibilidad de dar luz al sendero. En la plena interiorización de los valores, considerando a la democracia como un proyecto ético de la construcción de la sociedad que finalmente se escinde de cualquier control foráneo, que empieza a pensar por si misma, con sujetos incluyentes y analécticamente ilustrados, que den pasos de gigante en las azarosas tierras en proceso globalizante hegemónico.

El triunfo democrático se observa en la historia del pensamiento, enfocándonos en la concientización que genera el movimiento hacia la educación de todos para la construcción del proyecto político. Desde Aristóteles hasta Rousseau, de la ética a Nicómaco al Emilio, desde la creencia en la república francesa hasta el testimonio de Tocqueville sobre la democracia que se basa en la identidad de costumbres, sentimientos y creencias, todos concuerdan con la imperiosa necesidad de sumar educación a la política, para la realización de un sistema político ético.

En un mundo de la vida en el cual los principios básicos son democráticos, se tendrán como mínimos éticos, los derechos humanos fundamentales, para la dignidad y para el sostenimiento del sujeto y la sociedad. Por esto Daniel Herrera se concentrará en dilucidar fenomenológicamente el derecho a la vida y el derecho al trabajo en Colombia, para ir a las cosas mismas y enfrentar las realidades que se deben cambiar entre los sujetos, en aquellos que estamos inmersos en la Colombia que respira.

En el plano de la realización del individuo se puede contemplar lo que implica el sistema de las necesidades entendido por Hegel, en su filosofía del derecho, en la tercera parte sobre la ética, en la sección sobre la sociedad civil, en cuanto el hombre entra en una sociedad para satisfacer mejor sus necesidades. Implicando la consecución de un trabajo, con el cual, engrane en el sistema social, colaborando con la totalidad social y retribuyéndosele su esfuerzo. Lo cual hace relevante al trabajo en la definición de un individuo en su identidad.

Ese sistema social del trabajo en la actualidad presenta dificultades, por fenómenos como el desempleo o la insatisfacción que produce un empleo por obligación, como lo explica el profesor Daniel Herrera en su texto sobre "el derecho al trabajo" (Herrera, 2002, 159-170).

En este texto, presenta la insatisfacción en el trabajo de un individuo, explicándolo a través de una analogía que expresa que "a quién se le niegue la posibilidad de experimentar el verdadero sentido del trabajo revivirá en su existencia el mito de Sísifo, del Sísifo que experimentó su existencia como la de un ser condenado a arrastrar diariamente una piedra hasta lo alto de una montaña para dejarla rodar y comenzar de nuevo a arrástrala, indefinidamente hasta su muerte" (Herrera, 2002, 165).

En la obra de Daniel Herrera se genera una convicción del verdadero sentido del trabajo, donde éste entrama "la posibilidad de realizar nuestro deber ser, la posibilidad de vivir realmente la intersubjetividad, la posibilidad de crear o recrear un mundo que sea digno de la dignidad humana" (Herrera, 2002, 165). Con lo cual se podría acercar la percepción normativa ideal de la persona, con el postulado del verdadero sentido del trabajo, puesto que en base al cumplimiento ético de su ideal el ser humano llega a realizarse.

Se afirma que las preguntas éticas que realiza el individuo, poseen imperativos incondicionados que aluden a la elección por la cual, el individuo decide el camino de una profesión donde pueda ayudar a alguien; implicando una inserción en el sistema social del trabajo para contribuir en la construcción de la sociedad. Pero existen fenómenos que hacen que la intención del individuo quede obstaculizada o no se llegue a cumplir. En este caso, se presenta una visión de acuerdo a la escala de valores del individuo y una visión de acuerdo al interés de alcanzar su ideal primario en su proyecto de vida. Que se entiende, de acuerdo a la ética clásica aristotélica como caminos que conducen a la vida buena y a la felicidad.

En cuanto a la vida como derecho, se presenta como irrenunciable, el más respetable y defendible de los fundamentos humanos, con la que se inscriben las habilidades de cada individuo hacia la construcción intersubjetiva de la sociedad.

Con vida y trabajo digno el proyecto político de la democracia es asible y perdurable para nuestra común-unidad vitalizada en el esfuerzo cotidiano.

Si llegamos al principio democrático que propone Enrique Dussel (2006) en su tesis décima, en cuanto al consenso legítimo que se haya en la comunidad, podemos comprender como existe una complementariedad entre el pensamiento fenomenológico de Herrera y la ética política de Dussel, de acuerdo a que el proyecto político se construye desde abajo, con cada persona en su interrelación con los demás, hacia la democracia como utopía futura trabajada desde el presente. Comunidad incluyente que depara un proyecto político de todos, democracia como institucionalización de la intersubjetividad, que en dialogo construye realidad, y que fomenta la transformación gradual de situaciones catastróficas a las que nos han llevado la sucesión de egoísmos y malas administraciones en el poder.

CONCLUSIONES

La ética de la liberación emerge como un postulado que salva la dignidad humana de una realidad sumida en la injusticia del orden establecido por el poder corrupto y fetichizado en los personalismos. La ética antecede a cualquier filosofía y centra su labor en el desarrollo y realización de la mejor sociedad, con la posibilidad del cumplimiento pleno de las condiciones básicas de vida.

La propuesta de Dussel comienza en la cotidianidad humana y surge en cada una de las escalas de análisis que él mismo propone, algo que dejó a un lado Carl Otto Apel, quién solamente estableció un discurso desde un constructo teórico sin aproximarse a la experiencia viva. Así extrajo y disecó una parte de la realidad en su cuasi-cientificismo, y olvido por completo que para comprender la realidad es necesario llegar a las cosas mismas, que se hallan respirando en el mundo diario.

Los cuatro puntos sobre los que Dussel fundamenta su crítica a Apel denotan una responsabilidad con el verdadero trabajo que el filósofo político en su crítica, debe realizar sobre la sociedad, comprendiéndola en su desenvolvimiento cotidiano, y no restringiéndola a espacios teóricos, donde pierde su realidad.

La construcción europea del mundo se baso en la exclusión como principio y en la violencia como método, generando una plano de injusticia generalizada hacia las demás culturas del planeta, que en su mayoría fueron exterminadas hasta borrar cualquier rastro de su existencia antes de la llegada de los conquistadores. Esto se vive en América latina, en Asia y en áfrica por igual, que aunque tuvieron diferencias en el tiempo en el que se llevó a cabo la masacre los resultados fueron similares: muerte, explotación, colonia, exclusión, atropello de los derechos humanos y en general un cuadro de desolación, que aún hoy viven las comunidades que fueron conquistadas.

Los argumentos que reproduce Dussel generan una complementariedad a su discurso, que arranca en la realidad vivida por las personas en los mundos explotados y pasa a la comprensión racional. Todo esto sin negar la importancia que en el diálogo con los principales teóricos y con el empleo de la crítica, emerge desde la filosofía política un planteamiento para transformar el estado de cosas que han hecho invivible para muchos este mundo que un día fue creado por Dios.

El camino de la fenomenología expresada por Husserl se encuentra en las afirmaciones que realiza Daniel Herrera, en cuanto expresa un procedimiento que sigue los pasos del último desarrollo de su obra, cuando estando en el mundo de la vida (Lebenswelt) encuentra en la confrontación de la realidad, la verdad que se presenta en una sociedad como la colombiana. Es el paso al universalismo del método fenomenológico para llegar a comprender el mundo a partir de la experiencia, siguiendo la iluminación que brindo Husserl en sus escritos.

Observando el desarrollo del trabajo es posible deducir que existen algunos puntos de encuentro entre la fenomenología del profesor Daniel Herrera y la filosofía política crítica de Enrique Dussel, de acuerdo a su percepción sobre la democracia y como ésta establece los fundamentos para convivir pacíficamente en común – unidad. Ese principio democrático que enmarca el establecimiento de una mentalidad democrática en las personas y que se construye en la aplicación de los derechos humanos como la vida, la igualdad o la libertad, en aras de la satisfacción de la dignidad de los hombres y las mujeres, jóvenes, niños, tercera edad, en definitiva todos los que comprendemos el género humano.

Se comprende que la democracia es el mejor de los posibles gobiernos que sobre nuestra sociedad y la de los países del mundo puede encontrarse, concediendo la legitimidad de este sistema político en el consenso total que se puede hallar en el proceso que lleva al hombre a la verdadera democracia.

La ética antecede a la política y se puede encontrar en todas las esferas de la vida en comunidad. Si se cumple con los valores fundamentales para centrar la convivencia en un estado de cosas ideal, de profundo respeto por el otro, es significativo como el avance de las sociedades se prevé de acuerdo al establecimiento de una institucionalidad que sigue como fundamento la ética, ésta que determina las actuaciones políticas hacia el bienestar común.

El mandar obedeciendo de Dussel se complementa en la mentalidad democrática de Herrera, cuando el constructo ideal de las personas en el mundo de la experiencia hace posible el re-conocimiento del otro. Es el cumplimiento de la normatividad no por obligación sino por la interiorización de los valores democráticos en la cotidianidad. Es llegar al punto en que se halla la verdadera esencia de la democracia, que ha sido edificada legítimamente en consenso (incluyente) para la consolidación de unas reglas y principios sobre los que se basa la vida en sociedad. Es la apropiación de los derechos humanos como valores intrínsecos al desenvolvimiento de la vida humana, aquella que en el día a día fomenta la unidad de todos para la mejor de las convivencias.

El proyecto de la inclusión total y definitiva que marca el camino de la democracia, requiere el esfuerzo cotidiano de todas las personas, que queremos que la justicia se realice de acuerdo al cumplimiento de los valores democráticos.

El principio democrático aplicado según instrumentos múltiples de la democracia representativa, como la elección libre y secreta, debe respetar a las minorías, estableciendo el espacio para la expresión de la disidencia cuando es fundada.

Las sociedades postcoloniales no deben imitar el modelo liberal clásico sino seguir el principio democrático y crear sistemas políticos apropiados a la situación específica de la sociedad en la que se instaura.

Nuestra sociedad requiere el establecimiento de una mentalidad democrática para erradicar el mal congénito de la violencia, desterrar los demonios de la esclavitud y la desigualdad sembrados por la conquista, establecer pautas para el diálogo capaz de construir el consenso legitimo que nos lleve al mandar obedeciendo que plantea la política de la liberación de Dussel, hacia la interiorización de los principios democráticos que como valores se expresan en la solidaridad, el respeto en todas sus formas (al otro, al bienestar común, a los bienes colectivos) y en la provisión de las condiciones suficientes para que la dignidad humana se realice y se mantenga en la institucionalidad que fundamenta la constitución, como marco normativo y de referencia para la estructura de la sociedad.

BIBLIOGRAFÍA

Bilbao, Francisco. (2008). El evangelio americano. La Habana: Casa.

Castro-Gómez, Santiago y Grosfoguel, Ramón. (2007). El giro decolonial. Siglo del hombre Editores. Bogotá.

Dussel, Enrique. (1994). 1492, el encubrimiento del otro. Plural editores. La Paz.

Dussel, Enrique. (1995). La ética de la liberación ante la ética del discurso. El trabajo filosófico de hoy en el continente. Editorial ABC. Bogotá.

Dussel, Enrique. (2001). Hacia una filosofía política crítica. Palimpsesto. Ed. Desclée de Brouwer. Bilbao.

Dussel, Enrique. (2003). Lo político en Lévinas. Revista signos filosóficos. UAM – Iztapalapa. p. 111-132. México D.F.

Dussel, Enrique. (2006). 20 tesis de política. CREFAL. S. XXI. México.

Dussel, Enrique. (2009). Política de la liberación. Tomo II. Arquitectónica. Editorial TROTTA. Madrid.

Dussel, Enrique. Autobiografía. Recuperado el (18/04/2011) de: (http://bdigital.uncu.edu.ar/fichas.php?idobjeto=740).

Fazio Vengoa, Hugo. (2002). El mundo después del 11 de septiembre. ALFAOMEGA grupo editor. Bogotá.

Gil Jiménez, Paula. Teoría ética de Lévinas. Cuaderno de materiales, filosofía y ciencias humanas. ISSN: 1138-7734. Recuperado el (19/04/2011), de (http://www.filosofia.net/materiales/num/num22/levinas.htm).

González Íñiguez, Santiago. El nazismo de Heidegger. Revista Universidad de Guadalajara. ISSN: 1405-8588. Recuperado el (17/04/2011) de (http://www.cge.udg.mx/revistaudg/rug16/4elnazismo.html).

Herrera Restrepo, Daniel. (2002). La persona y el mundo de su experiencia. Serie Filosófica N°. 4. Universidad de San Buenaventura. Bogotá.

INDICE

Printed by Books on Demand GmbH, Norderstedt / Germany